Inhalt

Kundenservice - hält selten, was er verspricht

Kernthesen

Beitrag

Fallbeispiele

Weiterführende Literatur

Impressum

Kundenservice - hält selten, was er verspricht

E. Krug

Kernthesen

- Kundenservice ist heute ein äußerst wichtiges Marketing-Tool, so sind z.B. Call-Center oder Kundenkommunikation über E-Mail mittlerweile ein fester Bestandteil im CRM-Mix vieler Unternehmen. (1)
- Obwohl Hotlines in zunehmendem Maße das Image eines Unternehmens beim Kunden prägen, gibt es bis heute noch keine Untersuchungen, die einen potenziellen oder tatsächlichen Schaden erfassen, den möglicherweise ein unzureichender Kundenservice verursacht hat. (2)
- Guter Kundenservice wird in Zukunft den Wettbewerb maßgeblich mitentscheiden. (3)

Beitrag

Hinter dem Begriff Kundenservice verbirgt sich meist ein Call-Center, das dem Kunden jederzeit einen persönlichen telefonischen Kontakt zum Unternehmen ermöglichen sollte. Der Ansprechpartner sollte nicht nur Gesprächspartner, Zuhörer oder Ventil für einen unzufriedenen Kunden sein, sondern darüber hinaus Lösungen oder zumindest qualifizierte Informationen liefern können. Nicht so üblich, wie die Call-Center, aber dennoch eine weitere Art von Kundenservice ist die Möglichkeit für den Kunden, schriftlich das Unternehmen kontaktieren zu können, sprich über E-Mail, Fax oder per Post. (1), (3), (4)

Welche Erwartungen sollte ein guter Kundenservice erfüllen?

Call-Center gelten in der heutigen Zeit massiver Budgetkürzungen im Bereich Marketing als relativ kostengünstiges Marketing-Instrument. Bei sehr großen Unternehmen gilt der Kundenservice im Rahmen von CRM-Maßnahmen eigentlich schon als Muss. Voraussetzung für einen funktionierenden Kundenservice sind und bleiben die

Kundenorientierung und qualifizierte Auskünfte. Das heißt zum einen, dass eine aktuelle Kundendatei vorhanden sein muss, damit der Kontakt so individuell wie möglich verläuft, zum anderen sind freundliche, motivierte und gut ausgebildete Mitarbeiter eine Grundvoraussetzung, um das Firmenimage aufzupolieren. Das gilt sowohl für den Ansprechpartner am Telefon, als auch für den Beantworter schriftlicher Nachfragen. Schriftliche Anfragen sollten prompt und fachmännisch beantwortet werden. Außerordentlich wichtig ist die Integration verschiedener Kommunikationskanäle, um eine ganzheitliche Kundenansprache zu gewährleisten. Häufig wird die Funktion eines Call-Centers auch einem Outsourcing-Dienstleister übertragen. In dem Fall ist ebenso Servicequalität und Effizienz gefordert, damit aus dem Kundenservice keine Farce wird und der Schuss nach hinten losgeht. (1), (3), (4), (5)

Wie erleben Verbraucher den Kundenservice in der Realität?

Die Anforderungen an den Kundenservice sind durchaus berechtigt, wenn man die momentane Stimmung der Verbraucher in Bezug auf Kundenservice genauer unter die Lupe nimmt. Die

Situation sieht nicht besonders rosig aus, wie die Ergebnisse diverser Studien aufzeigen. Genügend Beispiele untermauern die negativen Erfahrungen, die ein Großteil der Kunden im Umgang mit dem Kundenservice gemacht hat. So haben sich z.B., laut einer Umfrage des Europressedienstes, die im Auftrag des Wirtschaftsmagazins Capital durchgeführt wurde, 70% aller Deutschen schon beim Anruf einer Hotline ärgern müssen, zudem beurteilt jeder Fünfte die telefonischen Auskünfte als mangelhaft oder ungenügend. Eine weitere Studie, die im Rahmen des Capital-Tests von dem Hamburger Markforschungsinstitut M&Oh durchgeführt wurde, macht deutlich, dass nur 16% der getesteten 100 Unternehmen einen guten Kundenservice bieten. Es gibt nicht nur bei telefonischen Anfragen große Mängel zu verzeichnen, so reagierten im Capital-Test 13% der Unternehmen nicht auf E-Mail-Anfragen und fast ein Drittel der Firmen beantworteten keine Faxe oder Briefe. (3)

Welche Probleme und Risiken verursachen das Negativ-Image von Kundenservice?

So ist äußerste Vorsicht geboten, dass aus einer

guten nicht zu kostspieligen Marketing-Lösung nicht im Endeffekt eine böse Falle wird. Sehr schnell besteht die Gefahr, dass sich ein Kunde von einem Unternehmen distanziert, welches zwar Service anbietet, dann aber durch inkompetente und überforderte Mitarbeiter diesen Kunden schlecht informiert, seine Fragen nicht beantworten kann oder ihn sogar abwimmelt. Es kommt sogar vor, dass die Anrufer beschimpft oder ausgelacht werden. Ganz zu schweigen von ständig besetzten Hotlines und ewigen Warteschleifen. Die Folge ist ein massiver Imageschaden.

Das Problem liegt in dem eigentlichen Vorteil von Kundenservice, nämlich dem Kostenfaktor. Mittlerweile wird dieses relativ kostengünstige Instrument zu einer billigen Methode lästige Beschwerden und Anfragen abzufertigen. Die Budgets werden ständig gekürzt und somit wird bei der Bezahlung der Mitarbeiter im Kundenservice gespart. Die Mitarbeiter sind deshalb oft schlecht ausgebildet und es fehlt ihnen häufig an der Kompetenz Probleme zu lösen. Externe Call-Center kämpfen mit günstigen Angeboten um den Markt und nicht viele bieten wirklich gute qualifizierte Arbeit, denn geschulte Call-Center-Agenten sind selten. Der Kunde wird Inkompetenz und Unfreundlichkeit aber nicht dem Call-Center zur Last legen, die negativen Erfahrungen werden immer mit dem Unternehmen oder der Marke in Verbindung

gebracht.
Untersuchungen, welche den möglichen oder bereits tatsächlichen Schaden erfassen, der durch schlechten Kundenservice in einem Unternehmen verursacht wurde, gibt es bis jetzt noch keine, obwohl Kriterien, die Kosteneffizienz und Kundenzufriedenheit gewährleisten durchaus vorhanden und auch messbar sind. (vgl. Cases) [(1)](), [(2)](), [(3)](), [(4)](), [(5)]()

Welche Rolle spielt das Berufsbild eines Mitarbeiters im Call-Center?

Das Berufsbild des Call-Center-Agenten hat nach wie vor einen negativen Touch: Schlecht bezahlt und wenig Perspektiven. Das lockt natürlich nicht unbedingt wirklich qualifizierte Mitarbeiter in ein Call-Center, was wiederum zur Folge hat, dass die Inkompetenz der Agenten die Kunden verärgert. Die Anrufer erwarten zu Recht informative Auskünfte, da die Anfragen per Telefon nur äußerst selten kostenfrei sind, im Gegenteil die Gebühren für einen Anruf sind teilweise ausgesprochen hoch. Die Agenten, hinter denen der Kunde eigentlich Mitarbeiter des Unternehmens vermutet, werden daraufhin oft beschimpft. Immer wieder kommt es vor, dass sich Call-Center-Personal in psychologischer Behandlung befindet. Es kristallisiert

sich heraus, dass nicht die Call-Center an sich das eigentliche Problem bilden, sondern die Wertigkeit der Tätigkeit in einem Center.
Die Lösung verbirgt sich hinter Schulungen, Aufstiegsmöglichkeiten und daraufhin einer besseren Bezahlung. Fazit: Der niedrige Kostenfaktor als absoluter Vorteil von Kundenservice als Marketing-Tool würde sich somit relativieren. Das ist das Dilemma in dem die meisten Unternehmen sich befinden, guten Service bieten und dennoch Kosten sparend haushalten. (3)

Fallbeispiele

Call-Center-Kriterien

Die Liste wurde aufgestellt von den Autoren der Call Center Benchmark Studie Deutschland 2003 (Profitel Consulting, Universität Hamburg und Purdue University (USA))
Wie kundenorientiert ist die Gesprächsqualität (sowohl inhaltlich, als auch fachlich und kommunikativ)?
Wie gut ist die Erreichbarkeit?

Wie verbindlich sind getroffene Aussagen oder auch Zusagen aus Kundensicht (z.B. die Einhaltung von Rückrufterminen)?
Wie effizient werden die Vorgänge in Bezug auf die Bearbeitungszeit, Durchlaufzeit und Entscheidungskompetenz ausgeführt?
Wie hoch ist die Zufriedenheit der Kunden und Mitarbeiter?
Wie groß ist der Deckungsgrad interner und externer Qualitätsbewertung?
Wie effektiv ist die abschließende Vorgangsbearbeitung?

Capital-Test

Im Rahmen der Testreihe, in der das Wirtschaftsmagazin Capital den Kundenservice deutsche Unternehmungen unter die Lupe nehmen ließ, hat die Unternehmensberatung M&Oh Research Services 100 Unternehmen per Telefon, Fax, Post und E-Mail kontaktiert und Reaktionen getestet. Die Bewertung erfolgte nach dem Schulnotensystem, nach folgendem Bewertungsschema:Bei telefonischen Anfragen wurden Gesprächsdauer, Gebühren, Freundlichkeit und Kompetenz berücksichtigt, bei Fax, Post und E-Mail zählten schnelle Antwort, formal korrekte Anschreiben und Informationsgehalt. Die Test-Kriterien beim Internetauftritt waren in erster Linie Informationsgehalt, Kontaktmöglichkeiten, Tools und Übersichtlichkeit. Gesamtwertung: Die Einzelergebnisse wurden gewichtet und flossen folgendermaßen in die Gesamtwertung ein: Internet und Fax zu je 12,5%, E-Mail, Post und Telefon zu je 25%. (3)

Beispiele für negativen Kundenservice

Im Rahmen des Capital-Tests zeigten sich unter vielen anderen folgende Probleme:Bei der LVM, bei Arcor, der Berliner Bewag und bei Tele2 haben die Gesprächspartner sehr leise und unverständlich gesprochen, genuschelt und gemurmelt. Bei Entrium, EnBW, Mitgas, den Neckarwerken Stuttgart und M-Net erschwerte ein starker Dialekt die Kommunikation. Ein Vertreter von T-Online hatte äußerste Schwierigkeiten das Tarifsystem zu beschreiben. Einem Telekom-Vertreter dagegen, dem eine Frage zu dumm erschien, machte sich ständig über den Tester lustig. (3)

Beispiele für positiven

Kundenservice

Asstel-VersicherungenGanz bewusst hat man bei der Kölner Versicherung das Kommunikationscenter nicht ausgegliedert, es bildet vielmehr das Herz des Unternehmens. Feste Mitarbeiter verdienen in dem internen Call-Center zwischen 28000 und 36000 Euro pro Jahr und werden von einer Psychologin in ihrer Funktion als Coach betreut. Die Fluktuation liegt deshalb unter fünf Prozent im Jahr, eingeschlossen Studentenjobs und Schwangerschaften. (3)

Kreissparkasse Esslingen-Nürtingen
Der KundenService der Kreissparkasse Esslingen-Nürtingen, eine Art virtuelle Filiale, zeichnet sich aus durch Kundenfreundlichkeit, umfassende Betreuung und Service rund um die Uhr. Persönlich ist der Kundenservice besetzt bis 20 Uhr, danach kann man sich per Internet oder übers Telefon rund um die Uhr informieren und beraten lassen, oder sonstige Bankgeschäfte abwickeln. (8)

Weiterführende Literatur

(1) "Wer Kunden an der Hotline für doof verkauft, wird bestraft"
aus werben & verkaufen Nr. 49 vom 05.12.2003 Seite 026

(2) Terhörst, Wolfgang, Ratlose Ratgeber, werben & verkaufen, 05.12.2003, S. 24
aus werben & verkaufen Nr. 49 vom 05.12.2003 Seite 026

(3) Ratlose Ratgeber
aus werben & verkaufen Nr. 49 vom 05.12.2003 Seite 024

(4) Bitte Warten ... Besetzte Hotlines, ignorierte Anfragen, verschwundene Dokumente - Service? Fehlanzeige. Viele Unternehmen vergraulen ihre Kunden, wie ein Capital-Test belegt.
aus Capital vom 08.01.2004, Seite 96

(5) Allzeit bereit? Marketing
aus WirtschaftsBlatt, 30.12.2003, Nr. 2024, S. 218,19,20,21

(6) Der neue Pakt mit dem Kunden
aus werben & verkaufen Nr. 1-2 vom 09.01.2004 Seite 074

(7) CALL CENTER WORLD 2004 - Neue Ideen, neue Märkte, neues Denken im Call Center!
aus Direkt Marketing, Heft 12/2003, S. 63

(8) Heißer Draht
aus werben & verkaufen Nr. 49 vom 05.12.2003 Seite 030

Impressum

Kundenservice - hält selten, was er verspricht

Bibliografische Information der deutschen Nationalbibliothek

Die Deutsche Nationalbibliothek verzeichnet diese Publikation in der deutschen Nationalbibliografie; detaillierte bibliografische Daten sind im Internet über http://dnb.d-nb.de abrufbar.

ISBN: 978-3-7379-0699-9

© 2015 GBI-Genios Deutsche Wirtschaftsdatenbank GmbH, Freischützstraße 96, 81927 München, www.genios.de

Alle Rechte vorbehalten. Dieses Werk ist einschließlich aller seiner Teile – z.B. Texte, Tabellen und Grafiken - urheberrechtlich geschützt. Jede Verwertung außerhalb der Grenzen des Urheberrechtsgesetzes bedarf der vorherigen Zustimmung des Verlags. Dies gilt insbesondere auch für auszugsweise Nachdrucke, fotomechanische Vervielfältigungen (Fotokopie/Mikroskopie), Übersetzungen, Auswertungen durch Datenbanken oder ähnliche Einrichtungen und die Einspeicherung und Verarbeitung in elektronischen Systemen.